Bibliothèque nationale de France

-

Direction des collections

-

Département Philosophie, Histoire, Science de l'homme

L'ÉTAT DES ESPRITS

A LA FIN DU XIXᵉ SIÈCLE

LA FRANCE D'HIER, LA FRANCE D'AUJOURD'HUI

ET

LA FRANCE DE DEMAIN

Par E.-Auguste CABANIÉ

> Respectez les croyances et ne
> combattez que les opinions.

TOULOUSE,

IMPRIMERIE J.-M. PINEL,

PLACE SAINT-GEORGES, 12.

—

1890.

L'ÉTAT DES ESPRITS

A LA FIN DU XIXᵉ SIÈCLE

LA FRANCE D'HIER, LA FRANCE D'AUJOURD'HUI

ET

LA FRANCE DE DEMAIN

Par E.-Auguste CABANIÉ.

> Respectez les croyances et ne
> combattez que les opinions.

TOULOUSE,
IMPRIMERIE J.-M. PINEL,
PLACE SAINT-GEORGES, 12.

—

1890.

LA FRANCE D'HIER

La question ouvrière. — Une question palpitante d'intérêt préoccupe vivement les classes laborieuses et la France entière, c'est la question ouvrière. Il est d'autant plus difficile d'approuver les prétentions des ouvriers, du moins en partie, parce qu'elles ont été provoquées par des spéculateurs ayant tout intérêt à enrayer l'industrie nationale ; par des anarchistes ennemis de toute loi sociale, partisans de l'impossible, l'égalité des fortunes, et par des révolutionnaires avides de sang et de pillage, cherchant surtout à s'assurer une popularité que leur doctrine n'a pu acquérir pour la défense de leurs principes.

Un point plus important encore a été la principale cause du mouvement qui a particulièrement porté sur la branche maîtresse de toute industrie indispensable en cas de guerre, absolument nécessaire en temps de paix, celle des charbonnages. En effet, si on parvenait à réduire les heures de travail, la production diminuerait sensiblement, elle serait absorbée par l'industrie, et si au moment où on y penserait le moins, nos frontières étaient menacées, que ferait-on ? Le charbon nous est indispensable en cas de mobilisation, autant il y aurait du retard pour le transport des troupes, autant l'ennemi gagnerait du terrain et rendrait notre situation de plus en plus difficile. L'Allemagne établit des chemins de fer stratégiques sur toutes les frontières, ce qui lui permettrait de transporter rapidement les troupes sur n'importe quel point d'action. Et pour cela qu'emploierait-elle? Il lui faut du charbon. et si la France se néglige. si elle se désarme volontairement pendant que l'étranger accaparera . l'avenir pourrait nous réserver de cruelles surprises et d'amers déboires. Donc que l'ouvrier comprenne l'importance de son devoir. qu'il songe à sa patrie. à sa famille et à lui-même. il abandonnera une théorie qui peut lui être funeste sous tous les rapports. Qu'il demande un salaire raisonnable. c'est très bien. c'est un devoir pour lui; mais de grâce qu'il fasse un travail sur lequel la patrie puisse compter. Pour bien traiter cette question. reculons cent ans en arrière et suivons l'ouvrier dans les temps de paix. les temps de guerre et les convulsions révolutionnaires jusqu'à nos jours.

Cent ans en arrière. — La Société actuelle ne date que de 1789. Personne n'ignore quelle était la situation du peuple à cette époque. L'historien impartial est là. jugeant les évènements avec sévérité ou les approuvant sans réserve. c'est à lui à discuter : sur les dissentions intestines qui mutilèrent la France tout en lui donnant la liberté qu'elle n'avait jamais connue ; sur les actions éclatantes de nos jeunes armées. avant-garde vigilante de la patrie qui repoussèrent victorieusement l'étranger lui infligeant sur chaque champ de bataille une sanglante défaite. c'est à lui à discuter sur les questions politiques : quant à nous. revenons sur la question ouvrière :

« Les ouvriers formaient une corporation pour chaque métier :
» chaque corporation avait à sa tête un patron qui était son
» juge et son défenseur. Il était interdit à un ouvrier appar-
» tenant à une corporation de faire un travail privilégié d'une
» autre corporation : par exemple un sabotier ne pouvait pas

» faire des souliers, un fripier ne pouvait pas faire ni vendre
» des habits neufs, un menuisier ne pouvait pas faire de la
» charpente. Toute infraction à ces règlements amenait au
» délinquant la confiscation de ses outils de travail d'abord, puis
» des peines les plus inhumaines et les plus brutales. Par
» exception il y avait des corporations puissantes qui avaient
» à leur tête un prévôt : tel est le prévôt des marchands de
» Paris qui par leur influence et un privilège illimité assuraient
» l'inviolabilité de leurs membres. »

Quoique l'ouvrier fût défendu par sa corporation, sa
situation était des plus déplorables, les impôts de toute sorte
que le seigneur et le roi prélevaient sur lui, les droits de la
guerre qui incombaient à la nation entière, que par conséquent
il supportait pour sa part, lui enlevaient la presque totalité
du produit de son travail, et quelquefois si les ressources
manquaient, le fisc faisait vendre les portes et fenêtres de sa
maison s'il en avait une, et s'il n'avait pas des garanties, on
le mettait impitoyablement en prison où il mourait dans la
plus affreuse misère.

Aussi salua-t-il avec joie le mouvement national qui devait
l'affranchir. C'est avec une émotion profonde et un frénétique
sentiment de fierté qu'il lut la déclaration des droits de l'homme
proclamée solennellement dans la nuit du 4 août 1789. Qu'il
était heureux quand il lisait le texte de cette déclaration :
combien de fois ne la relisait-il pas ! Comment, lui, esclave
auparavant, il était alors un homme libre ? Lui condamné
à suivre pour toujours un métier qui ne lui rapportait rien,
il était alors indépendant ? Était-ce un rêve chimérique
ou une réalité ? C'était une réalité, et quoique la situation de
la France fût alors des plus défectueuses, quoique notre patrie
fût mise à feu et à sang, il était heureux. Il pouvait choisir un

métier qui l'aurait plus largement rétribué ; il pouvait donner à ses enfants telle profession qu'il jugeait à propos ; il était *libre*. Que ce mot aujourd'hui dédaigné était alors grand et sublime !

Pendant que notre pays était en proie aux convulsions révolutionnaires : pendant que le régime de la Terreur semait partout la mort. l'épouvante et l'effroi : pendant que l'ouvrier et ses enfants combattaient dans les rangs de notre vaillante armée. la question ouvrière faisait peu à peu un pas dans la voie du progrès. La marche était lente. le sang coulait à flots sur les champs de bataille. beaucoup de bras étaient ainsi enlevés à l'industrie nationale. Ayant souffert dans la servitude. l'ouvrier ne se décourageait pas : pourquoi désespérer alors que le plus difficile était fait. L'aspect féodal qu'avait la France disparaissait peu à peu et l'industrie. en même temps que tout ce qui suivait les destinées de notre pays. prenait un nouvel essor.

SOUS LE Ier EMPIRE.

Le coup-d'état du 18 brumaire mit fin à la Révolution et porta un coup mortel à la 1re République. Napoléon Bonaparte fut proclamé empereur héréditaire des Français et sacré en 1804. C'était un homme de génie. et quoique d'un naturel guerrier. il aimait le peuple : les classes laborieuses avaient en lui un protecteur dévoué. il les encourageait et se rendait lui-même dans les manufactures. Pendant qu'il combattait l'étranger. les armes à la main. notre industrie active et prospère combattait les produits exotiques. que les produits français dépassaient. comme richesse. comme travail bien fini, possédant ainsi des qualités supérieures qui étaient livrées meilleur marché. Napoléon 1er alla un jour chez un manufacturier en laines et lui dit : « Je combats les Anglais sur terre et sur mer et pourtant vous leur faites plus de mal que moi par votre activité et votre talent » Napoléon disait vrai. les ressources de l'étranger étaient sensiblement diminuées. notre industrie prospérait. la France se créa des débouchés extérieurs et nos produits s'exportent depuis lors dans toutes les parties du monde. Le vaste édifice que Napoléon 1er avait élevé par son génie et avec le sang français s'effondra tout-à-coup. Waterloo fut la fin du grand homme aimé de tous mais trop ambitieux. Le peuple oublia ses fautes pour ne voir en lui que le martyr de Sainte Hélène.

L'ouvrier après l'Empire.

L'étranger imposa de dures conditions à la France. il plaça sur le trône un prince de la famille de Bourbon qui régna sous le nom de Louis XVIII. Nous devions souffrir pendant longtemps sous le joug de l'influence étrangère, un roi proclamé et mis au pouvoir par les coalisés ne pouvait pas avoir le moindre prestige d'autorité. Le rôle qu'il exerçait sur la nation ne pouvait pas la rendre florissante . car il n'était là que l'interprète des exigences de nos pires ennemis. Si cette situation avait duré plus longtemps. s'il n'y avait pas eu des hommes énergiques qui. par leurs discours ou par leurs écrits. protestèrent hautement contre cet état de choses: le premier pas de la Révolution était anéanti. la gloire et l'honneur de la France étaient détruits et l'ouvrier qui était déjà sacrifié allait redevenir ce qu'il était auparavant. un esclave. Par la suite nous fûmes un peu plus indépendants. l'industrie nationale fit insensiblement beaucoup de progrès. et une ère de prospérité s'ouvrit pour notre pays.Complétement libérés à l'égard de l'étranger. nous devions souffrir quand même l'influence qu'il exerçait sur la famille de Bourbon. La famille de Bourbon ayant reçu la couronne de France des autres puissances ne pouvait la conserver qu'avec le concours de ceux qui la lui avaient remise. elle était forcément obligée de s'incliner et de nous sacrifier.

L'Ouvrier sous Charles X et sous Louis-Philippe.

Charles X. secondé par des ministres zélés et par les intègres représentants du peuple. ranima l'espérance des Français. Il débuta sagement. le commerce et l'industrie firent un nouvel effort. Le gouvernement qui avait un motif légitime : « à » soumettre un dey qui refusait d'ouvrir les ports de son Etat » aux paquebots de voyageurs: qui faisait esclaves ceux qui » échouaient sur les côtes inhospitalières de ce pays charmant: » qui pour toute réponse à l'envoyé du gouvernement lui jeta » son éventail à la figure et fit bombarder le navire qui portait » les propositions de paix » : envoya une armée qui conquit l'Algérie après beaucoup de souffrances et de privations. et après des actions héroïques. La conquête de l'Algérie contribua pour une large part à faire la fortune publique. Le commerce et l'industrie eurent là un débouché des plus importants.

Beaucoup d'ouvriers émigrèrent en Afrique pour solliciter la fortune. La France étant déjà prospère ne perdit pas à ce mouvement d'une certaine importance. Il restait moins de bras pour travailler et plus de travail pour ceux qui restaient. ce qui augmentait sensiblement leurs ressources. Elle ne perdait rien. car en cas de danger elle pouvait en disposer ; plus tard. hélas ! nous avons eu la preuve de leur dévouement. Le gouvernement devenait de plus en plus exigeant après ces actions d'éclat qui honorent son règne : Charles X revenait insensiblement au principe de ses aïeux. Les représentants du peuple s'opposèrent ouvertement à sa volonté et Paris s'insurgea. C'était la Révolution de 1830. Charles X prit la fuite laissant quand même un bon souvenir du début de son règne.

Louis-Philippe 1er. comme son prédécesseur. débuta sagement. Le commerce et l'industrie suivaient la voie du progrès. ils furent un instant ralentis par de nouveaux troubles. La nation voulait le droit consultatif par le suffrage universel et non par le suffrage restreint. Le gouvernement s'y opposa. les représentants du peuple en appelèrent au pays. Le peuple était exaspéré par le manque de subsistances et par la cherté du pain, le mécontentement éclata. des troubles et des attentats le confirmèrent. Paris s'insurgea de nouveau et Louis-Philippe 1er prit la fuite devant le flot montant de l'insurrection de 1848.

LA RÉPUBLIQUE DE 1848.

La situation ouvrière sous le second Empire.

Ivres de sang et de victimes, les insurgés s'étaient rendus à la force. Les représentants du peuple se réunirent en Assemblée nationale et appelèrent Louis-Napoléon Bonaparte, neveu de Napoléon 1er, à la présidence de la République. Sous Charles X et Louis-Philippe 1er il y avait eu beaucoup d'inventions qui en se développant allaient augmenter la prospérité nationale et celle des classes laborieuses. Quelques réformes vinrent améliorer le bien-être public. Louis-Napoléon sentait dans ses veines bouillonner le sang du vieil empereur : il avait les mêmes idées, la même bonté pour le peuple, les mêmes tendances guerrières, mais moins d'expérience et moins de génie. Le 2 décembre 1851 il fit un coup d'état et en décembre 1852 il se fit proclamer empereur héréditaire des Français sous le nom de Napoléon III.

Il encouragea le commerce, l'agriculture et l'industrie, il les protégea dans toutes les mesures du possible, organisant des concours internationaux et des expositions pour les développer davantage. La fortune publique aurait été des plus prospères si l'empereur, aventureux comme son aïeul, n'avait pas prodigué l'or et le sang de la France sur les champs de bataille. L'ouvrier et l'agriculteur intelligents faisaient des affaires honorables. Le manufacturier faisait fortune : mais dans le sein des classes laborieuses une nouvelle classe se formait professant des idées-irréalisables ; perdant peu à peu l'amour du travail et ne rêvant que les grandes catastrophes, c'étaient les anarchistes qui devaient jouer un rôle si déplorable pendant le siège de Paris. Napoléon III devait infailliblement quitter le pouvoir comme il l'avait pris. La France fut engagée dans une guerre désastreuse contre l'Allemagne, et malgré les efforts héroïques de notre vaillante armée, nous fûmes vaincus. Les anarchistes et les révolutionnaires soulevèrent la commune, et quelques jours après le bombardement de Paris, la guerre civile était dans ses murs. On ne saura jamais assez flétrir la conduite odieuse de ces prétendus partisans du travail qui offraient à l'ennemi le luxe de ce spectacle horrible et déchirant.

Les hommes influents d'alors, MM. Gambetta et Thiers, convoquèrent l'Assemblée nationale qui déclara Napoléon III déchu de ses droits et proclama la République. L'ennemi nous imposa de dures conditions, le traité de Francfort-sur-Mein nous enlevait l'Alsace et la Lorraine, moins l'arrondissement de Belfort, et nous obligeait à donner à l'Allemagne une indemnité de guerre de 5 milliards. L'émotion fut profonde et le coup fut foudroyant, le commerce et l'industrie faisaient une grande perte dont ils devaient longtemps se ressentir et dont ils se ressentent encore. Nous n'eûmes plus désormais sous notre monopole les mines qui pouvaient se trouver dans les Vosges, les belles dentelles alsaciennes, les diverses fonderies qui étaient disséminées sur le territoire annexé, les faïences de Sarreguemines et autres branches de l'industrie. Et puis le commerce était là-bas très important. Les 5 milliards aussi devaient être prélevés sur les ressources nationales, et les classes laborieuses devaient en payer leur partie. Voilà la principale cause dont les intérêts publics souffrent encore à notre époque.

LA FRANCE D'AUJOURD'HUI.

La situation actuelle des classes laborieuses.

Le gouvernement actuel a fait des efforts héroïques ; nous sommes complètement libérés à l'égard de l'étranger, tant que possible il n'a jamais négligé l'ouvrier qui a été toujours l'objet de ses préoccupations constantes. Il a pacifié la Tunisie qui a été un nouveau débouché pour nos produits. Il a été malheureusement entraîné au Tonkin où il a fallu défendre notre drapeau ; il faut espérer qu'à l'avenir ce pays rebelle dédommagera la mère-patrie du sang et de l'or qui ont été prodigués sur son sol. Il a organisé des concours internationaux et des expositions universelles, notamment celles de Paris de **1878** et de **1889**. Mais notre chère France a eu tant de secousses ; on a crié : « au voleur » alors qu'il n'y avait rien à craindre, et par des menées peu scrupuleuses on a essayé, mais en vain, d'ébranler la confiance de l'ouvrier et celle du crédit national.

La conférence de Berlin a fini de surexciter les esprits. On a soulevé la question du travail sous des formes inadmissibles et ce coup de main préparé a produit l'effet dont nous avons déjà parlé au début. Nous le répétons :

« Que l'ouvrier soit un peu plus calme et qu'il comprenne » mieux ses intérêts. Si une grève se produit, que le motif soit » pour cause de salaire et non pour la réduction à huit heures » qui est impossible. Par leurs lois sur le travail, les représen-

» tants du peuple font tout leur possible pour améliorer et
» adoucir le sort des classes laborieuses. Que l'ouvrier le
» comprenne et qu'il seconde ceux qui s'intéressent à lui. il
» n'aura qu'à s'en louer. »

LA FRANCE DE DEMAIN.

Le 1ᵉʳ mai. provoqué par la conférence de Berlin. nous a largement prouvé qu'il existe une question anarchiste et révolutionnaire. Flétris par l'histoire. les partisans de ces doctrines sont sans excuse devant l'opinion publique.

Au mépris de toute règle sociale de leur devoir de Français. ce sont eux qui ont semé le désordre dans les milieux ouvriers. Quelle confiance peuvent-ils inspirer ? peut-être sont-ils soldés par des intéressés à la ruine de nos ressources nationales; alors leur action est plus que coupable. et si c'est un sentiment naturel qui les inspire. la France leur tend les bras. qu'ils abandonnent une théorie chimérique et qu'ils rentrent dans le sentiment du devoir. Nous ne désespérons pas; en cas de danger il y aura toujours des bras dévoués à la cause commune. Donc. pendant qu'en Allemagne on construit des chemins de fer stratégiques. pendant qu'à Vienne on fait des expériences sur la poudre sans fumée. que l'ouvrier fasse son devoir sans crainte et sans rancune : la loi est là pour le défendre et pour le protéger. Et s'il veut anéantir nos ressources. rendre la situation difficile. nous serons les vaincus de demain; mais si, comme il faut l'espérer, il comprend sa situation et celle de son pays. il contribuera à faire ou du moins à maintenir une France forte et puissante qui pourra attendre l'avenir avec confiance.

Pendant que les centres ouvriers sont agités et que l'anarchie fait des efforts impuissants contre la société , des hommns de bien, des Français de cœur, au moins ceux-là travaillent sans relâche pour le bien-être de l'humanité. Et quoique ayant des adversaires, leurs institutions leur survivront et seront le guide des générations à venir. L'union fait la force. Eh bien ! cette force, la force du droit, la force du devoir ne peut être mieux comprise et mieux appliquée que par une mutualité. Les sociétés de secours mutuels en sont une preuve éclatante, et les sociétés mutuelles coopératives ayant pour but de constituer à leurs adhérents un capital et une rente proportionnelle à un délai déterminé en seront une preuve plus éclatante encore.

Le vrai socialisme est là et l'anarchie doit tomber à ses pieds. Car de désespéré qu'il était, et craignant pour l'avenir des siens et pour ses vieux jours, l'ouvrier est sûr que, moyennant une petite obole, le but qu'il n'aurait jamais atteint sera dépassé. Il se remet courageusement au travail dominé par la douce influence d'un socialisme légitime et pacifique qui, peu à peu, ramènera les plus réfractaires au sentiment du devoir, du patriotisme et de l'humanité.

Ces sociétés sont destinées à jouer un rôle important dans les temps à venir. Leur mission est sublime, arracher des victimes à la corruption des mœurs et à la misère, voilà leur programme, et ceux qui les seconderont dans leur œuvre vraiment patriotique n'auront qu'à s'en louer.

Donc que l'ouvrier le comprenne, que la jeunesse pense à l'avenir et le nombre de prévenus qui vont s'asseoir sur les bancs de la police correctionnelle ou des cours d'assises diminuera considérablement.

Paix, travail, liberté et mutualité, voilà les fondements de la France de demain.

Toulouse, imprimerie Pinel, place St-Georges, 12